AF582552

COLECCIÓN
ESTACIONES

La **Colección Estaciones** surge como el intento de poner en primer plano el trabajo de una serie de poetas argentinos de primera línea, que a pesar de tener una obra consolidada siguen siendo difíciles de asimilar.

Se trata de poéticas excéntricas respecto de cierto consenso –siempre cambiante y coyuntural por otra parte– y de la expectativa de lo que se sobreentiende como poético.

Los autores que la integran nacen en general a partir de los años sesenta (o poco antes) y el grueso de su obra ha sido publicada entre la última década del siglo pasado hasta la actualidad.

ANTOLOGÍA POÉTICA

DIRIGIDA POR
CARLOS BATTILANA
MARIO NOSOTTI

Sifrim, Mónica
Licor de mandarinas : antología poética de Mónica Sifrim / Mónica Sifrim ; Prólogo de Valeria Melchiorre. - 1a ed - Ciudad Autónoma de Buenos Aires : Miño y Dávila, 2024.
156 p. ; 23 x 15 cm.

ISBN 978-631-90583-0-7

1. Antología de Poesía. I. Melchiorre, Valeria, prolog. II. Título.
CDD A861

Edición: Primera, Septiembre 2024
Lugar de impresión: Buenos Aires, Argentina / Barcelona, España
Diseño y composición: Gerardo Miño

BISAC: [POE005070] POETRY / American / Hispanic American
[LIT014000] LITERARY CRITICISM / Poetry
WGS: [150] / Belles-lettres / Lyric poetry, drama
[151] / Belles-lettres / Lyric poetry
THEMA: [DCF] Poetry by individual poets
[DCC] Modern & contemporary poetry (c 1900 onwards)

MIÑO y DÁVILA
EDITORES

Dirección postal: Tacuarí 540 (C1071AAL), Ciudad de Buenos Aires, Argentina
c/López de Hoyos 15 (28006), Madrid, España
Teléfono de contacto: (54 11) 4331-1565
Correo electrónico: administracion@minoydavila.com
Página web: www.minoydavila.com
Redes sociales: @MyDeditores, www.facebook.com/MinoyDavila

Fotografía: Daniel Böhm

MÓNICA SIFRIM

LICOR DE MANDARINAS

Selección y prólogo por **Valeria Melchiorre**
Entrevista por **María Malusardi**

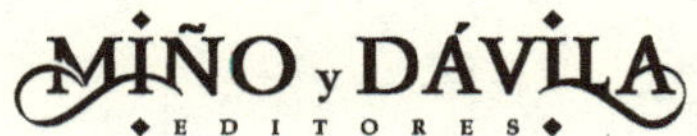

ÍNDICE

EL MAL MENOR

VIDA ANIMAL
–Plaqueta–

EL TALANTE DE LAS FLORES

UN BARCO PROPIO

Poemas del libro inédito EL ANIMAL QUE BUSCO

OTROS INÉDITOS

PRÓLOGO

Canta en la rueca de la grey

Abrir una antología que recupera textos escritos a lo largo de cuarenta y cinco años con el primer poema publicado por un autor podría parecer arriesgado. Equivaldría, en lenguaje pedestre, que es también el que esta obra nos propone desmalezar, a guardar el dije viejo, el primer zapatito, la pieza inaugural de una colección. Sobre todo si el libro en cuestión, *Con menos inocencia,* fue escrito a los diecinueve años y carga con una atmósfera muy de época, una época que, cabe aclararlo, ha sido atravesada con holgura y prestancia por la joven en cuestión. Aquí el hallazgo radica en que dicho poema incluye una clave insoslayable a la hora de leer el itinerario total: se avizora una zona de intercambios, una constelación que recibe claramente el nombre no propio de "Identidad" y reclama su sitio. Este concepto viene a instalarse en el mundo privado del yo, más precisamente en su habitación, y arrastra consigo elementos –"barbas", "hacha", un "versículo"– que evocan una entera civilización. Las obsesiones serán siempre las mismas: lo que en torno a ese yo sucede, ligado a su privacidad o llamado a sus múltiples funciones sociales y colectivas. Muchos de los cuestionamientos están al servicio de una gran preocupación: dónde ubicarse respecto de los demás, cómo jugar las cartas que dan sentido al oficio y a la vida, y ensayar, aunque más no sea bajo la modalidad de la pregunta, una posible orientación.

Mucho de lo que se dirime en la voz de Sifrim, la que basa su coherencia en mojones de frases, intermitentes irrupciones y urticantes fragmentos, encuentra su enlace en la ronda de los pronombres personales, que funcionan como aliados o secuaces de la primera persona. Ya en *Novela Familiar*, ese libro tan primerizo como capital, se impone el original dispositivo del diálogo, de ahí que la segunda persona sea ungida con el lugar central. Estos usos, sin embargo, no implican el ahondamiento en dilemas existenciales ni trágicos: no se trata aquí de que la escisión subjetiva detenga o deshilache la armonía del conjunto en favor de una angustia que entre grietas se disemina. Las demandas metafísicas tampoco están a la orden del día –"Y-re-bo-tar/ so-bre-la-me-ta-fi-si-ca"–, Sifrim puede escribir. Las alternancias de los pronombres que ponen en vilo al yo parecieran estar al servicio de la reprimenda, la constatación y la sorpresa –el canal elegido nunca es el confesional–; e incluso de la interacción con los personajes vivos o rescatados post-mortem que han acompañado la historia personal. Esta historia personal es asimismo la de las lecturas y la cultura aprendida; así en el citado libro, junto con "la hija" y "la protegida", aparecen "Cordelia" o "Vahine". Parte del imaginario de la (auto)mitología que se ha venido gestando es asignable a una tercera persona; en *El talante de las flores* leemos: "algo/ no cuajaba// con su// cabellera// borravina". No hace falta recordar a Flaubert, a Freud, a Barthes o a Kristeva para radicar a la así (de)nominada en el seno poroso, hondo y desarticulado del sujeto de la enunciación. A la segunda persona, por su parte, se acude con frecuencia; en el primer poema de la serie "Las plumas de mi nido", suerte de *ars poetica* tangencial e involuntaria del mismo libro, podrá aseverarse por ejemplo que "el yuyo// pertenece a tu jardín/ con más derecho que las lilas blancas". Los métodos de Sifrim no cejan hasta el día de hoy, con graduaciones que afectan sobre todo la tonalidad. Porque lo que ayer fueron rodeos hoy son melancólicas definiciones: "Yo no soy la primera persona", sospecha quien habla en uno de los poemas inéditos y recientes. Esta sospecha, reducido el humor a risa ácida, va unida al miedo a la disolución: "Todo es un truco/ Para volver visible/ Lo que no/ (Y mientras tanto/ Temo por mi vida)". El hecho de que el largo poema "Grandes Esperanzas", del último de los libros publicados, insista con ciertas percepciones habla a las claras de una constancia. Si hay una batalla que se libra a lo largo de esta obra; si tuviéramos que inferir la motivación que la anima, para la cual el lenguaje ha sido siempre el arma principal, esta es el intento denodado por resistir a los mandatos y lograr una mínima sublevación: "Si alguien vierte su ilusión en vos, como en una tinaja de mosaicos// Serás siempre/ Esa germinación/ Del ansia ajena".

***

Porque el yo es también el yo de la grey, el de las "bobes" y el "becerro", cuya genealogía está atravesada por la historia de la diáspora y de las cámaras de gas, como en el poema "Cartas de Bergen-Belsen", de *Laguna*, el peso de las tablas de la ley empuja a asumir una tradición a la que se acepta a regañadientes, pero de la que no se puede renegar. Jamás por el ritmo o por las respiraciones, puesto que nada hay de bíblico en la música de estos poemas, pero sí en virtud de los temas recuperados, la de Sifrim es una escritura impregnada de tradición judaica. Y aunque las adhesiones a lo comunitario son más justificación que fin en sí mismo; una excusa que subraya, intensifica y explica los afanes y denuedos subjetivos, podría ponérsele a esta escritura con facilidad el restrictivo rótulo de "poesía femenina". Así se lo ha hecho; botón de muestra son las tentativas que la han aproximado, en su país, a otras mujeres poetas de su generación: María del Carmen Colombo, Irene Gruss, Susana Villalba, Alicia Genovese, Diana Bellessi, Paulina Vinderman y Mirta Rosenberg. La adscripción indiscutida a un género y a sus constructos culturales agrega, en esta obra, razones demás para abordar el tratamiento de lo femenino; y más interesante aún resulta hacer un recorrido de los tics con que tal condición se asume y de sus vaivenes. La "bailarina", la "yo peinada de peluquería", la "Soy la más bella/ que ocupó el espejo"; la que lleva "lencería" y un "vestidito de flores" de los comienzos es también quien, acusando recibo del feminismo combativo de los 80, toma posición en el campo literario y al hacerlo se lanza de lleno en la disputa:

> Ah, la seducción... La seducción, querido, se alimenta en la enigma.
> ¿Me querías alba? pues paciencia. Toda esa albura nerudiana
> es harto demodé. Ahora regresan las felinidades,
> la perversidad crea ilusión.

Tal necesidad de modernización, en el libro de 1990, podría contrastar con los residuos de una femineidad que acata de cabo a rabo ciertas convenciones. En *Laguna*, de 1999, se han aceptado con resignación los cánones prestablecidos –"Ahora la Pequeña Lulú lava los platos/ y Periquita entrega el corazón"–; y en un poema de tintes eróticos de *El mal menor* quien habla no pone reparos en ofrecerse al cuerpo del amado sin ambages y con amorosa sumisión:

> Para que
> De ahora en más
> Gobiernes
>
> En mi cuerpo
>
> Rey de la lluvia
> Manos de alfarero.

En efecto, la poesía de Sifrim está lejos de buscar el oportunismo y de sumarse a los nuevos planteos, a las intensidades y los modos con que los debates se han reavivado en el siglo XXI. Persiste entrañablemente afectada por un imaginario previo a estas rupturas, lo que no le ha implicado renunciar a los desafíos que se le han presentado en su momento; hay coletazos de dichos desafíos, ahora bajo la forma de cenizas, en este fragmento de "Grandes Esperanzas":

Con el traje de novia
Encendí una fogata
Ardieron
Las puntillas y el festón

Una vez más, por sobre todo, están las propias obsesiones: las relaciones amorosas y filiales, la maternidad siempre revalorada, y, en los textos últimos, la vejez y la cercanía con la muerte:

Mira las venas al trasluz
(se agita el cauce desde
Los volados de la manga)
Bajo la blusa solo piel y huesos
Y al final
Puñaditos de polvo

***

El vuelco, el cambio de rumbo que esta poesía ha garantizado, de insertársela o interpretársela en la trama de la poesía argentina, tiene que ver con la concepción acerca de lo poético. *Novela familiar*, el año de su publicación, trajo sin duda un respiro a la polémica disyuntiva entre neobarroco y objetivismo; y su poesía además escapa a la estela Pizarnik, reconocible en la de sus contemporáneas aún hoy. La comicidad desopilante, la ligereza del trazo y la aguda ironía, rasgo este que no se abandona nunca, refrescan el clima y despojan a la palabra de su aura. Se prioriza el injerto, el encastre, la maniobra sonora, la mezcla de registros y los rebajes. Los versos son ítems de listas, diálogos hechos trizas, aliteraciones a las que se le escogen sentidos, mutaciones de entrecasa, febriles combinaciones: "*Hete aquí. No, mejor hete allá. Una tetera chilla en la cocina/ Tanta luz y Tántalo en ayunas.* Escribir me excita". Quien escribe se inclina entonces por las "palabras ásperas" o la "fritanga", arma y desarma con los fósiles del lenguaje o sus excrecencias coloquiales –"se le ve la hilacha se le ve", "Chúmbale, chúmbale, hasta que ponga/ todas las patas en el plato"–, y se hace cargo de la materia fónica en estado salvaje:

> Eles cayendo como meteorito, eles de lluvia elípticas y luengas.
> El pavor tiene eles que no entiende y en el pizarrón levan las eles
> en luctuosa maleza. Elegantes eles te secuestran del jardín de casa,
> como flechas clavan tu osamenta al banco. Y eres alelada
> o eres lista, linda, levemente loca o elegida
> para hacer la ele.

En la base de estas opciones está el desprejuicio; y, a partir de allí, nada de lo que Sifrim aporte a su sesgada autobiografía en el poema, a la imagen que (se) tiene del poeta, se adecuará a la imagen cristalizada del maldito, ni a la atrincherada en su torre de marfil, o a la solemne cultora del silencio. Gana aquí la digna de burla, la que tropieza, la por siempre niña revoltosa. El humor carnavalesco, grotesco, mórbido o liviano, exasperado por el impulso lúdico, sostiene la osamenta de esta escritura; y la historia de sí se cuenta apelando a paradigmas propios de la infancia: "navegó su moisés a la deriva. ¿Quién la tomó? ¿Pastores?/ ¿Nefertiti? ¿Lobas llenas de ubres en la costa lóbrega/ o señoras de rojo con bonete?". Este es el molde que *Novela Familiar* viene a implantar, y de esta fuente se nutrirán los libros siguientes. Aunque se bajen notoriamente los decibeles, "Son palotes de niña" los que surgen en la onírica visión de "El canal de la mancha", de *Un barco propio.* Abrevar en la niñez se convertirá en un hábito, porque a ella se asocia otra de las preferencias: la leyenda, los cuentos de hadas, los relatos infantiles.

***

El léxico a borbotones se reemplaza por el vocablo engarzado con gracia. El yo se despoja de sus múltiples caras. No decae la torsión del sonido. Es dejo del vendaval, se preservan sus ventajas como un tesoro. La destreza del verso queda demostrada en las "Cantigas", de *El mal menor*, y combina con la idea de un carácter menos exaltado, más propenso a lo pulido de la forma: "Pero tengo la música/ En las manos// Como una/ Porcelana". Lo que habrá de ahí en más será un sosiego, una paz. Aunque nunca se abjure del fragmento, del acento bien aprovechado, del corte y la disgregación: "(...) golpes de tambor, pequeñas colisiones de palabras que caen como semillas en un palo de lluvia; es por ese derrame que accedemos al logos". Así se expresa Mario Nosotti en relación a *Un barco propio*; y esta descripción aplica a toda la obra en las páginas a continuación.

***

La mayoría de los poemas de Mónica Sifrim pertenecen a una serie y no han sido escritos de manera aislada. Hemos hecho la selección optando a veces por algunos de los textos. En el caso de *Novela familiar*, recuperamos la casi totalidad del libro, porque dada su estructura, cualquier recorte significaría una mutilación. Además de sus libros, incluimos poemas de una maravillosa plaquette, *Vida animal*; y, entre los inéditos, poemas de un libro que no ha sido publicado aún.

Valeria Melchiorre

MÓNICA SIFRIM

LICOR DE MANDARINAS

CON MENOS INOCENCIA
(1978)

Identidad
Se me instaló en el cuarto
traía entre las barbas un hacha
dos versículos.
Ella invadía, sí,
como un oleaje de signos evocados,
por la noche gemía,
golpeaba la pared.

Para vivir con ella
le hice un sitio en mi cama.

NOVELA FAMILIAR
(1990)

Capítulo 1
De cómo hija se figura la desaparición de sus autores

1

Una vez desatada la final ¿qué harías?
Yo puntillosa anudaría extremos (no se corra el punto
y no llegue al río la que fluye púrpura).
¿Adónde entonces?
Al cuenco, al cuenco, a la vasija negra, no a la urna.
Para oficiar, un chal adamascado.
Y el hueco. Quiero decir, ¿la cavidad caliente?
¿Qué harías con el hueco?
Eco... eco, lúcidos susurros de difunto, husos
para desenrollar una conversación inacabada.
Pero el hueco.
Tal vez un potus de tres tiras verdes, un buen incienso
de limón, con una carpetita en punto cruz.
A ver si me entendés: ¿y el agujero?

2

Lejos de la muerte, se divierte. Encapsulada
en felpa rosa viejo, en fríos de cajita de música.
Lencería a resorte, fruslería. La bien elongada
bailarina puede resistir a eternidad
esa postura que el borracho tienta. Oh bailarina
anverso del borracho. Tu resurrección es tan sencilla
como abrir la caja. Juegos con la muerte. Musiquitas.

3

Cuando se esfumen no será con ascensión de columnas de humo
ni crujir de alas o sesudos tartajeos. No será solemne.
En la azotea moveremos todos la cabeza (yo peinada
de peluquería, Pablo con su gorra de coyote). Como en esa foto
que la bruma de los aeropuertos vuelve sugestiva.
¿Cuál era el enigma? Todos peripuestos y un adiós nasal.
En esa hilera nadie se imagina que la muerte vuelva
a congregarnos.
Así, de cara al flash, en la azotea.

4

Nube sobre el rostro. Esa melena elefantina encuadra
un gran vacío en "o". No se recuerda. No se puede
recordar el rostro del ausente. Solo piezas del cuerpo
sostenidas de atrás por finos guantes negros.
No es el cuerpo en sí. Son fluorescencias
del Teatro de Praga.

5

Tendrán el cuerpo huyendo entre los eucaliptus
tras el alma huyente, pero no el lenguaje.
Donde antes había elocución ¿qué habrá?
¿La vehemencia? ¿Boca de los mudos con su globo
de saliva inútil? ¿Voces del ahogado pensativo
junto al barco ebrio?
Cuando les quiten el lenguaje, ¿qué?
¿La vehemencia? ¿el agujero? ¿nada?
Les pondré palabras como perlas
en un viejo sarcófago. Trapos en la boca.

6

(Y si me dejan sola, que me dejen).
He sorbido su leche exageradamente. El cuero cabelludo
gastado de caricias. Debería bastarme. Pero si, como dicen,
esa clase de amor es el que aceita las máquinas por dentro,
al epitelio tiñe de pasión y al cutis de pequeños
esplendores, han hecho su tarea solo a medias.
¿Morosidad? ¿Pereza? ¿Negligencia? ¿O piedra en el zapato?
O piedra del escándalo mi poca gratitud mi desmesura
en el pedir no va a dejarlos quietos.

7

Oye nena: cuidar de ti no es un asunto fácil.
Cuando te expulsen no tendrás la astucia
de arrojar miguitas en el bosque
ni la osadía de trepar sin más a otro regazo.
Acurrucada, nadie te amadrina. Presa de tus rizos
tus pucheros tu benjamina rosa, nadie te ve
tan bella como ellos.
Cuando suceda ¿estallará tu efigie? ¿Se romperá el engaño
en mil pedazos? ¿Y debajo del yeso,
lagartijas?

8

Rellenar, refaccionar, untarlos con rubor
hasta que se asemejen a sí mismos. Una conciencia mórbida
que no te conocía despliega los detalles en la mesa.
Y serás desgarrada como Electra, célibe de rabia
o lucirás devota el vestidito pardo de atender enfermos
(que no se lo ha quitado la pobre en quince días).
O bien, flemática, tomarás el tallo de las rosas mortuorias
con un pañuelito de linón, para no pinchar
tus delicados dedos.

9

¿Y todo esto para qué, si el kadish al final
es la prebenda del varón primogénito? Ese pionero
nos abrió el canal a topetazos. ¿Sufrió más?
¿Obtuvo más? ¿Les dio más goce a ellos?
Es el hijo mayor el que mejor pronuncia las palabras:
habla con propiedad.

10

Si esta inminencia de final nos tiñe cada gesto
de una cera póstuma, cada palabra dicha
es de inmediato puesta en su barniz.
Ahora en lo que vive, se mide su lugar en la vitrina.
Y si calza o no calza, si deja ramalazos, si echada en el estanque
cuántos círculos abre en la memoria.
Todo lo dicho y hecho en este tramo servirá de guión.

11

Hagamos buen papel en estos diálogos: serán rumiados
sin cesar (apócrifos y todo) cada vez que el humo
se humedezca o la malignidad eche sus barcas.
Van a dejarnos solos. Con una letra que memorizar,
un cinto de flagelos, una manzana como recompensa.
Han testado a favor del más adusto aeda. Ese que pueda
–machacosamente– llevar la saga familiar a cumbres.
Hagamos buen papel, pues, ensayemos, que el tiempo
nos alcance.

12

Que tras el entrampado de la trama puedan comprender
que fui Cordelia, triste cactus de sedosa entraña.
Su calva lengua de bebé lanza palabras ásperas
de tal veracidad que desespera. Siempre la expulsaban
a Cordelia, pero siempre la llaman.
Cuando desaparece el lisonjero y la tragedia apremia,
llega Cordelia con su vestidito de percal
y prodiga polvo de perdones, azafrán y caléndula.
Fresca era la mano de Cordelia en los párpados ciegos
del cacique. Atado a ella en el final,
encordelado.

13

¿La protegida gime más cuando se apoyaría
en la lívida cal del sanatorio? ¿Reclamaría frente
a sus hermanos más derecho a la desolación?
¿Oyes la grima de la protegida?
Sus ayes raspan el empapelado y la cretona. Por pudor
no enjuga la mucosidad en su sedosa túnica de rayas.
Y si la grima de la protegida suena más –retumba–
en el pasillo de los sanatorios ¿no sería pues
nuestra protagonista de la escena blanca?

14

Caen luces de foco sobre la blanca sábana. El que preside
es centro y da su corazón al trinchador, da su vena fláccida
al goteo tutelar que deviene música en su pulso.
Abre, cierra. Abre, cierra. Ahora ese puño es una alegoría
del amor paterno.
Quién come de su carne.
Quién resiste.

15

¿A quién acudiremos una vez desatada la final?
¿Convocar a un cónclave de niños tardíos, lamedores
eternos de pulgar en la penumbra pánica,
eternos volteadores de tinajas chinas, chupandines
de manteca en pan?
Pensemos bien
qué haremos con los pedacitos, si esta vez
no habrá ni escobillón ni reto. Da lo mismo una
urna que una cavidad bajo la alfombra. Cavilemos,
calcinemos huesos en la estufa. Lares, manes, penates: he aquí
vuestra cena. Como quien arroja leña al fuego
para entibiecer su living room.

16

(Ya no están, ahora retocemos). Suenen guitarras
en el cuarto propio
y un festín de higos no maduros vuelva verde el vientre
de los hijos. Ah, goce del higo agrio y ebriedad
del hígado extasiado en la fritanga,
exhausto en su espesísimo cacao.
(Y uno de campana, por si vuelven). Porque siempre vuelven
cuando chilla el hígado amarillamente y rechinan las
guitarras por la chimenea liberada. Ojos que no ven. Ojos que
no ven
y sin embargo imperan.

Capítulo II
De cómo hija accede a la leyenda y halla claves inimaginables

17

Desbrozar el relato a golpes de guadaña hasta que solo
quede un nexo umbilical: ese pellejo seco, ese trofeo
que solían guardar junto a la bailarina
de la caja de música. Y todo lo demás son construcciones:
capas de lodo con mitología. Un relato falaz, nudoso, endeble,
destilado en la pueril oreja, gota a gota,
mientras nos arrullaban sus onomatopeyas.
Debo confesarlo: ningún autor me ha persuadido tanto.

18

Ahora bien, esa pequeña en la fotografía del jardín de infantes
quiere huir. Hay en su cara una congoja tal que no condice
con su arqueología. Algo no cuaja en la leyenda
de los girasoles. Ni ese desmayo que (fue de alborozo)
tuvo a su madre tras el parto tiesa (de emoción).
Y fue la (reina) de la casa. Luego, ¿a qué ese rostro
en la fotografía,
esta congoja hoy?

19

En cuanto plenilunio la hija se arremanga.
Unas pecas de luna le revelan que ha sido mal expuesta
y hubo intemperies donde no sospechaba más que sopas
de sémola. Si de violín salvaje sabe más que un puma
y de letales lunas más que un ave de presa,
sospechamos que un día –y una noche al menos–
navegó su moisés a la deriva. ¿Quién la tomó? ¿Pastores?
¿Nefertiti? ¿Lobas llenas de ubres en la costa lóbrega
o señoras de rojo con bonete?
Era la luna llena sobre el Nilo. Hubo una mano
que empujó el moisés.

20

Remontar el relato no significa siempre desmentir.
Solo subleva esa omnisciencia avara: ellos montan escenas
donde son personaje y narrador. No hay otras fuentes,
no hay bibliografía. Solo pequeñas rajas
donde meter el dedo y escarbar.

21

Y claro que recuerdo el gran fondo de casa
con sus mandarinos, sus pollitos, su perro.
Pero no como piensan. Desleída la imagen, no el bucólico
juego de los niños, lana de colores sobre el césped,
sino la temerosa que se agacha y sustrae su cuerpo
a la violencia de los mandarinazos.
Ácidos misiles se ensañaban conmigo frente a la indiferencia
universal. Los abúlicos pollos persistían
en su pedagogía de la reproducción. Y yo, aterrada...
(Al perro lo recuerdo sobre todo por el brillo asesino
de sus dientes).

22

Yo también he soñado y no lo dije. El desierto era así:
rosa por fuera, cofre y uterino. En el desierto
una sola pasión desmesurada enciende una catástrofe.
El regalo de padre. Una raya excesiva en el regalo. Una explosiva
seda que demás deslumbra en su trasluz. Y los bastos hermanos
echan espumarajos por la boca, mientras cavan, cavan,
una celda en la arena para mí. Yo lo había soñado
y no lo dije: bajo tierra, enfundada en mi túnica,
de cada dedo mío nacía una palmera.

23

Había un gato agazapado en la pared del fondo.
Orlada en vidrios
la pared por si algún gato osaba degollar gallinas. Y yacía allí
sobre la hierba, una suculenta tajada de hígado
embutida en vidrios. Rutilante. Roja. Tentación que el gato
astutamente supo rehuir
y el gallo no. El tonto gallo nuestro se tragó los vidrios
y murióse. Cacareante viuda, implumes huérfanos. Finalmente,
los pollitos de la educación sentimental
nos brindarían otras enseñanzas:

a) Un padre muere
b) Puede morirse de inhabilidad
c) Un gato artero nunca se atraganta
d) La seguridad es una trampa
e) Toda trampa es un boomerang

24

Ellos aman la armonía bien organizada.
Copas en alto. Gala. Promontorio.
Cámara lenta para el brindis, que los vasos besen,
la solera se estremezca lila y oro blanco.
Ellos aman la escena. También el documento de la escena:
actas y películas y fotos. ¿En qué archivo mañana
han de exhumar con lupa los detalles?
¿Notarán el rictus? Van a colegir: *Eran taciturnos en las fiestas.*

25

Tanta armonía disipó el chas-chas. Una giganta armada
hasta los dientes recogía por el corredor mi ropa sucia.
Una giganta negra, bravucona, ancha de mamas y ampulosa
como un tren me perseguía por los corredores.
Lonjas de mi piel caían suavemente en las baldosas.
Las vecinas empujaban con la escoba lonjas de mi piel.
La giganta y yo, jadeando a dúo.

26

¡Aturdida! Se le ve la hilacha se le ve. ¡Desova
en las tacitas nuevas!
—¿Y qué hará cuando sea la dueña de su casa
sinisiquieraelabecé?
—Yavaprenderdejala. Hemos inoculado en su sangre venosa
un bebedizo azul. Oh lavandina.
A nuestra hija nunca
la tragará el abismo.

27

Cuando alimenta dicta. Cuece en la cocina su verdad.
Ni un sí ni un no, sino el poder de hundir el cucharón.
Dictamen: el llamar a la mesa, el bajar la persiana y a dormir
ordena un calendario. ¿Y si cambiamos de lugar?
¿Y el cucharón a mí? Ya tengo mi reloj y sé leerlo:
ahora, llevo las de ganar. Yo soy la calavera en el espejo
que defrauda a la bella. Soy la más bella
que ocupó el espejo.

28

Se nos iban las horas pensando un adulterio
que les sentara bien a los papás. Chispa de riesgo para los
cachorros:
un flirteo, un malhabido lucro, una extorsión. Y nada.
En la quietud balsámica de casa un fumador de opio
revoleó su bastón: *—¿Quién vive aquí?*
—Nosotros.
—¿Tenéis un cuarto que arrendar?
Y emplazó su narguile donde antes se enseñoreaba un casto paragüero.
Cada mañana antes del desayuno pitábamos con él.
Después el día era una verde cosa. La boquilla de nácar
cantó como un pezón.

29

El día del eclipse ramoneaban las cebras
y mi tía mecía su cartera de cuero de lagarto:
Si el sol tapa a la luna, tendrás un hijo claro.
Si la luna desciende, tendrás una princesa con ojos de aceituna.
Si la luna y el sol bajan a dúo, serás virgen o búho
como esa que chista en la enramada.
(Mientras talla la música del cielo
tu vidrio de botella).

30

Con el carné de filiación se ha hecho usted acreedora
de una resma de tías mascadoras de doxa. Ligada al vientre
que me dio la luz, no a sus ramales, ruego
desembarazarme de sus babas, de las bobes crustáceas
del síndrome y el olor a flit de sus habitaciones,
donde si algo hiede
es el becerro abajo de la cama, y no las moscas,
viejas camaradas de barco.

31

No señor. En mis antepasados no hay diabéticos, hipertensos,
cardíacos. ¿Cómo explicarle? De cada diez antepasados míos,
uno moría en las revoluciones, otro en las cámaras de gas
y cuatro o cinco de melancolía.
Ya sé que no se heredan tales males. La mandrágora deja
ese letargo de naranjas agrias. Luego talco, y a mover
los genes fresquecitos.
Pero cuando llegan oleajes de dolor oleajes de dolor oleajes
se descubre un vago parecido: ¡Mire qué bonita!

Mete el brazo en el horno como lo hacía su tatarabuela.

Capítulo III
La educación sentimental

32

Un pato sobre el lago. Ellos caminaban por los eucaliptus
hacia el lago. Yo detrás, cuidando sus espaldas. No era en sí
Naturaleza sino el goce que la idea de naturaleza
suele dar a los padres: un sol pensado como vitamina,
sándwiches de aire fresco.
Sí. Avanzaban hacia el lago. Satisfechos de sí, de mí, del paseo nutricio,
del pato que venía por el reflejo de los eucaliptus
a buscar sus migas. Él entonces le puso la mano en la cintura.
Ella se estremeció. Yo pude verlos.

33

Tanta armonía disipó el chas-chas. Ese chispazo
es lo que no se dice.
Esa paliza bella, atroz como un incendio, rúbrica del otro
en carne mía. Si yo te olvidare,
se me olvide mi mano derecha, se me pegue la lengua al paladar.
Así cayó el Gran Templo y comenzó la diáspora: un chasquido,
un incendio.

34

El chas-chas fue un aviso: no perturbar la siesta del patriarca.
(Afuera ardillas, abejorros...) Supe: hay un bien y hay un mal
y hay un no sé qué cosa viboreando entre las dos veredas.
¡Qué palmatoria más tonificante! Roja quedé. Más adecuada
para el velo nupcial.

35

¿O qué si no? Otelo ya lo ha dicho: la que miente a su padre
bien pudiere embaucar a su marido. He cursado esa escuela
con pericia de escolar irlandesa. Lisa quedé, sin tacha, sin doblez.
Cara de torta. Blancaflor. Redonda y simple
como un cero en la mesa.
En el tapete todo, nada en el corpiño.

36

Ah, la seducción... La seducción, querido, se alimenta en la enigma.
¿Me querías alba? pues paciencia. Toda esa albura nerudiana
es harto demodé. Ahora regresan las felinidades,
la perversidad crea ilusión.
(Y yo genuina como un pan, perdiendo el tiempo).

37

En esta educación sentimental faltaba un dato. Faltaba un gato
erótico y un pato que venía por los eucaliptus
a buscar sus migas.
Carne de mi carne. ¿Habéis tomado del amor la semillita
y sus germinaciones? La productividad del amoroso acto:
¿brote, homúnculo? En esta educación sentimental
faltaba un dato. Parece ser que el consabido coito
era otra cosa. Algo distinto a la germinación,
el huevo y el pollito, el tubo que conduce
desde un toro el semen a la vaca.
Algo diferente. Qué sé yo.

38

Tachar su imagen. La inicial erguida es una pesadilla
en tecnicolor. Su erguida efigie de gendarme que detiene el tráfico
bloquea me la ruta del decoro.
Tachar el animal y el hormigueo que es vacilación
y la vacilación que es desenfreno que es una puntita
endemoniada ardiendo en espiral. Y las espirales me dan vértigo
en el bajo vientre. Al animal, tacharle la inicial,
tacharle todo. Me bloquea el tráfico un ternero
palpitando en medio de la ruta.

39

Afortunadamente el bebedizo me inmuniza
contra la pasión demoledora. Con su flota azul
de cabecitas entrenadas para triturar pasiones chup-chup-chup.
Un deseo sucio, lo destiñe. Un poema sucio, lo adecenta.
Una pasión diabólica, la ciñe a la mezquina ley de la redoma.
Sí, paloma, sí: hay que fusilar al pusilánime. En su sangre floja
y enlechada caen las pasiones como perros. Lame lavandina
esa charquita. Todo se borra así. También la tinta evita
las salpicaduras y el manchón
y el tarascón de perros pasionales: sus amores fuera de lugar.

40

No para codiciar, para querer. Su escarpín rosado
es la corona que almohadona un arrecife áspero.
Pensada, enjaezada en lino para el cotilleo con mamá
de ligeros novios, de ligeros vestidos.
Pensada en lila, toda flor y polvo. Hija como paños de agua
fresca sobre la taciturna frente de papá.
Pensada mal,
pensada mal.

41

Vestidito de flores. Fresca. Vaho femenino en la crujía.
Vahine debía ser y no. Y nunca no Vahine
sino crispada como un pulpo.
Me circundan tintas territoriales. Zanjas de tinta donde
trastabillan los incautos. Los encandilados por la floripondia
de mi vestidito me han alzado la falda
y en lugar de calzón, vieron tentáculos.
¿Quería ser amada? Claro que sí. Él proveyendo de su cornucopia
el más leve deseo. Siempre soñé lo mismo / desde aquella vez /
en que no era la hija de mis padres/ sino de un rey
tan obsequioso / que cada mueca mía era una ley /

Capítulo IV
Bildungsroman

42

A lo mejor, lo menos importante es lo que más.
Vientre aplastado contra los colchones, mano en el pubis,
página sobada. Hay una escena allí que Sade no pintó.
Penetraciones
múltiples de un texto en la piel voluptuosa.
Ellos hablaban de la sedentaria en el colchón leyendo
sin sospechar que todo se movía. Más que en la gimnasia,
más que en el baile, más que en el atletismo. Pero secretamente.
Había una vez una pasión que no estiliza el cuerpo
ni robustece el tono muscular.
Una pasión sin público. Una visión
bullía, se les escapaba de las manos en su propia casa.
Pide lo que quieras, pero algo tangible y a nosotros.

43

Los fantasmas no se matan, cuentan ellos que decías.
Bárbaros –cuentan que escribías con tizas en la puerta del baño–.
Eras injusta como siempre. No querían matarlos, solo pedían
compartir con vos esas visiones. Abrigarlas, darles de comer
en la boquita.
Bárbaros –barrunta el corazón herido por un doble filo
de cucharas–:
Esta hemorragia es mía. Y este indecente copular con aire.

44

No es ajustar cuentas. Muy por el contrario: lo aprendido
en la cuna no se borra así como si nada. La que borra y borra
hasta agujerear la hoja luego no se puede reescribir.
Hizo un agujero donde se le caen las vocales más resbaladizas.
A sus pies exuberan. Brotan como exóticas
orquídeas en el fango.
Orquídeas. Bastardas de la página, le atan los pies con una
enredadera. Ya que inmóvil, pues, ejercitemos, lo aprendido en la cuna.
Primer paso: mordisquear el lápiz concienzuda-
mente.

45

Ahíta de conciencia, las mouguettes de Luisa May Alcott
me morigeran. Segundo paso: antes de escribir
pensar dos veces.
Hete aquí. No, mejor hete allá. Una tetera chilla en la cocina.
Tanta luz y Tántalo en ayunas. Escribir me excita
(¿será este el deseo que el sujeto que el texto?)
Ciertos pasajes de Luisa May Alcott
me han encendido más que el Kama Sutra.

46

Seriecita. La meditación en zapatillas blancas se rebota:
co-me-cho-co-la-te-ni-ña-co-me-cho-co-la-te. En el estanco
ese fulano de ojos cavernícolas me mira. Piensa que mi única
pasión es la delicia y se equivoca.
Amo ser mirada cuando como, que el poeta
vuelque sobre mí una celebración acidulosa. Y-re-bo-tar
so-bre-la-me-ta-fí-si-ca. El poeta no sabe que lo espero
cada mañana en la tabaquería. Su proximidad
me hace agua la boca.

47

Como la diva de toilette elige boas cuando el hombre importa,
ella revuelve su cajón y saca el adjetivo más carnoso.
En las revistas te lo dicen: cada hembra debe sacar provecho
de sus dotes y perfeccionar el propio estilo. Ella tiene la dote
del estilo (aunque preferiría, por supuesto, dos kilos más aquí,
tres centímetros menos acullá).
Se dice que las divas de escritorio contonean descaradamente
las subordinadas y el respiro. Que alardean, subyugan, mueven
los siete velos.
Y con lúbrica fe, puede la hipnosis
más que un buen trasero.
Un calambur caldea lo que varias sesiones de cháchara de alcoba.

48

El bebedizo azul (la lavandina) me libera del caos.
Solo una dosis me han suministrado y es suficiente
para doblegar a la medusa, ese pulmón marino que suspira
en cinco direcciones. Si por el contrario la medusa
me venciera a mí, yo expulsaría el filtro en una taza
de cristal de roca y me amedusaría.
¡Oh, liberadme de mi lavandina! Quién suspirara en cinco
direcciones.

49

La mala letra es un rehén del ogro.
Me han concedido la elocuencia
a condición de no acertar el trazo. Nadie entiende mi letra
y yo tampoco. Quiero la entraña y fallo en el dibujo.
Es una zancadilla. Un hechizo motriz crispa el diseño
que mi torpe mano quiere terso y, como Midas, torno ilegible
todo lo que toco.
Vuelvo a los días del palote, de la línea en zig-zag
quebrando el blanco. Hay una donosura natural en la manera
de tomar el lápiz. Acaso yo pedía demasiado de la letra escrita.
Y apretaba, apretaba.

50

Eles cayendo como meteorito, eles de lluvia elípticas y luengas.
El pavor tiene eles que no entiende y en el pizarrón levan las eles
en luctuosa maleza. Elegantes eles te secuestran del jardín de casa,
como flechas clavan tu osamenta al banco. Y eres alelada
o eres lista, linda, levemente loca o elegida
para hacer la ele.
—¡Pase al frente!
—¿Como así? ¿Lánguidamente y elevando preces?
Les tracé una ele de laboratorio y otra ele de lirio levantino.
Luego con ladina lucidez me leí las líneas de la mano.
Vi lagunas lóbregas y lascivias lunares. Lamenté lo leído:
fui prematuramente helenizada, antes de tiempo
eléctrica y el hecho
de saber la ele tan temprano, me tornó elegíaca, llorosa.

51

Tercer paso: no borrar si no tienes bien claro
qué ha de ocupar el sitio. *Horror vacui.* O vacas aterradas
en la terca sequía. Ni una brizna donde echar el diente.
Oh vacas: viene la glaciación. Solo superviven las más aptas,
es decir, las no muy pretenciosas o más bovinamente resignadas
al horror y al vacío. Vienen hambres. Vienen hielos. No borrar.
No bromear.

Capítulo V
De como hija finalmente escribe la novela

52

Como ratas en el cobertizo que mastican
los papeles íntimos y caen.
Como el ternero tira de la ubre y tira, hasta quedar sin madre
y desfallece. Como la lunática en la alcoba copulando en vano
con el aire (si la tocas, la matas; si no la tocas, dejas que se esfume).
Hay un imposible en el meollo de toda epopeya familiar: gestos
de repudio que se tornan actas de fundación, cestas en el Nilo.
A la deriva, entre los juncos vuelve el devaneo:
¿Quién se fue y a quién han expulsado?
¿Y cómo es que la echan si la puerta se ha cerrado por dentro?
¿Y cómo es que se ha ido si la echan?
¿Y cómo es que la echan si es la reina?

53

Ya de adentro, ya de afuera, tumba ese portazo en la nariz.
Junto al umbral florece una valija de papel secante,
una vajilla cáscara de luna que la hija no recibirá
porque no ha dado el paso necesario.
En la alcantarilla zapatea, reina de un exilio equidistante
entre la casamata y la cocina. Nunca. Nunca. Nunca.
Nunca podrá hundir el cucharón
en la comida tibia.

54

La gregariedad segrega una resina donde quedan pegadas
las patitas de atrás. Las de adelante raspan el perfume.
Es un zapateo en el abismo: aburre.
La monotonía de una rebelión es más atroz
que un barco de piratas.
Chúmbale, chúmbale, hasta que ponga
todas las patas en el plato.
La rueca de la grey segrega bellos hilos.
(La circuncisión de la mujer es un vestido grácil).

55

Una huerfanita es la que no. Su bulto al hombro
le hace sombra a las utopías del neón.
Huerfanitas eran las de Dickens, con mejillas rojas y pupila febril.
El mero desabrigo no te deshija y menos
si has pactado el frío a condición de no ceder el alma.
Ése fue el trato. En buena ley tu caperuza parda y tu latón
de expósita en las mesas de hule.
Entumecida ¿no has retozado a gusto? Pues aguanta.

56

Una arruga en el rostro de la hija. Zanja
donde caen cadáveres en bolsas de papel madera. Zanja.
Repujado en el cutis de la hija que una gubia caprichosa empuja.
No es angelical. Ya no. Su madre estupefacta ha visto el signo.
Palpó la zanja con los dedos y, para salvarla,
le tendió su mano de una orilla a otra.
Ella no cruzó.
Para cruzar había que pisar las bolsas de papel madera
y su escarpín rosado no sabía andar sobre los muertos.
Abrazada a su arruga, tiembla sola.
Madre le arroja arroz desde la orilla opuesta
y en el dobladillo de su blusa enjuga
una alusión al tiempo: *Nena, por favor, lavá esa mancha.*

57

Y no miró desde la alcantarilla: su preñez
le ocupaba las manos.
En el nudo de sus moños se morían los amores fuera de lugar.
La estranguladora se preñó esta vez, indiscutiblemente.
Moños en el cuello, la beata hacía ostentación
de su expansión: besábanla por dentro.
Cría con afán a su rehén, teje una canasta
de juncos del Nilo para devolver, para enmendar
un pacto que flaquea.
Y en la canasta, junto con el niño, va su propio pie,
rosado, frío. Todavía pequeño.

58

Canta en la rueca de la grey
donde el chismorreo se adelgaza.
Las de más edad hilan sudarios, las bonitas un velo
y las otras pañales o mortaja.
Y hace tanto que guardan mi lugar en la rueca...
Una silla vacía que deseaba a mi cuerpo.
Y yo les dije que no sé,
que nunca tuve hilos en la mano.
Tuve hijos
y no los sé vestir.

Epílogo

No hay nieve   ni brezales   ni panteón.
Todos los personajes de esta historia –personas para sí–
se deslizan aún entre los vivos.
Pero algo se supo sobre la delicada lógica de un lazo.
Esta implosión de diálogos secretos destrabó el sollozo
que obturaba el beso que dormía prieto en las escurridizas
sílabas del alma: ¡Oh!

(Parecía imposible).

LAGUNA
(1999)

Believe it or not

Hoy lo llevo de la mano por primera vez.

Un anciano pequeño con los ojos azules

para qué

frunce el ceño.

Yo le muestro el recinto de los colmos

la habitación de los efectos ópticos
un cuadro japonés
según se mire
es una flor o barco o señorita.

Todo lo olvidará

pero mi mano conduciendo su asombro
por primera vez
volcando tanta maravilla
en el escollo de su saco roto.
No para cosechar
apenas
para fijar sus médanos un año, un tiempo más.

Oír como golpea el alborozo en esa cavidad
Believe it.

Una laguna nos enlaza

un hueco recatado en la ilación

escenas pantanosas nos completan
con agua

lo que no se recuerda.

En ese punto
nadar
era ejercer
la nada como atletas

Una laguna nos resbala al fallo
hoja de agua
el que no vio
y cayó.

Cuando no recuerda
llora a mares
en la vida real.

Iba a decir y le faltó sonido.
Trastes del sentido

barre los pedazos
de su idea.

Quién
supiera

Animar un gólem
de esos restos.

Darle en el muñón
guantes de lana
para acariciarme
la mejilla

Barro, agua
Trastes del sentido
en la escobilla.

Viene el viento dios
sopla en su cuero

pone una simiente.

Viento, odre
dios es diferente

toma un balbuceo
y lo refina.

En tanto que de rosa y azucena

Las primeras arrugas van borrando
de mi rostro el candor:
ya no me creo eterna.
Ahora la Pequeña Lulú lava los platos
y Periquita entrega el corazón.

Te vas, edad ligera, fuiste grave.
No puedo recordarte vaporosa
danzando entre claveles.
No puedo recordarte despeinada
en la grupa
de una motocicleta.
Acaso la adultez
se ajuste más al lento
material de mi cuerpo.
Tampoco me apetece una elegancia digna
ni fermenta en mi piel
la prometida miel
de una gran obra.

Sin embargo construyo un monumento
más eterno que el bronce.
Tengo un hijo.
Cuando crece
rechinan
los resortes del mundo.

Alas

Muerto el Rey,
un enjambre de locas herederas
espía
los brillos
del arcón.

Mi hermana primogénita se prueba
una capa de púrpura
y armiño

La segunda sacude
su aderezo nupcial.

¿Y yo, su favorita?
y yo su favorita sólo encuentro
la sandalia hechizada

La sandalia hechizada
Y un mensaje que reza:

"Ponte a salvo de ti."

Cartas de Bergen Belsen

A Oded Peled

El correo traía a Buenos Aires
cartas de Bergen-Belsen
y tarjetas postales
con las praderas bávaras en flor.

"*Estamos bien*" trazaban los parientes
con letra temblorosa
de difunto.

Y mi madre, pequeña, reía imaginando
tibias pastelerías
que flanqueaban la nieve
de olor a chocolate

"*Nos hemos trasladado por razones*
de espacio
a este lugar
donde nos encontramos
con salud"

decían los parientes
en el umbral del horno crematorio

Y mi madre jadeaba
Imaginando ríos de cerveza

tías rubias forradas en armiño,
primas patinadoras
perfumando la nieve
con sus trinos, trineos y trajes del Tirol.

"Esperamos saber de ustedes pronto"

jadeaban las postales
que un cartero traía al conventillo
con pasitos
de vals.

EL MAL MENOR
(2008)

El mal menor

La vía del cangrejo
No es cavilación

Sino
Rencilla

Cuando pierde
No piensa   que es
Apenas

Un trozo de coral
  Perdido en
    Un montículo
      De arena

Dice que la otra
  Carretera
  Ofrecería

Menos
Resistencia

Y allá va
  Con el zig zag

De un corazón trabado
En la derrota

Piensa que
La izquierda
Será más
Luminosa
Mientras deja la diestra
Acongojado

Pero el cangrejo
Sabe reconocer

El mal menor

Cantigas

Poema 1

Si tu voz

Me apela por mi nombre
    Todos los sonidos
    Se levantan

Hay que ver
Lo bien que suena
    Así

El nombre de nacer
No duele
    Tanto

Vamos Adán:

Hay que ponerle nombre a las abejas
    A los arroyos grises
    Y a los copos de nieve

A la encina que se llame así:
                                        "Encina, encina"

Y al maíz doblado por el viento,
Una palabra grave: "Movimiento"

Y cuando nos
Cansemos

De llamar a las cosas
Por su nombre
Y en el séptimo día
Reposemos

Todo se llame igual

A su inocencia

El bosque simultáneo
De su bosque

El ave en su avedad,
La rosa, rosa

Poema 3

Si del regocijo

Me apartaba

Un séquito

De avispas

Del amor, un río correntoso

Era campo traviesa

La soldadesca se durmió
A mis pies

Por espiar el talle
De los ciervos

Esa víspera
Nadie
Se burlaba

De los enamorados
Con serenidad
Ni del amor
Al río
Por el río

Desde entonces

Cada día

Escucho

Un ave diferente
En la pared

No sé si el día empieza

O se termina así

Pero tengo la música
En las manos

Como una
Porcelana

Poema 4

Ay amor –te dije–
Corazón de mirlo

Dos mujeres rotas
Se deshacen

En la bruma
De una espumadera

Recordame así

Rota

Sobre el piso de mosaicos
Me crucificaron

Pero yo
Aprendí

El don
De gentes

Poema 5

En vano alzó la prenda
Al resplandor

Cupido

Porque al espiarte
Con mi lumbre

No sabía bien
Qué sombra

Daba sombra
Al regocijo

Ahora que lo sé
Mi mano fría

Se acomoda

En vano
Vi caer

Gotas de aceite ardiendo
Sobre un ala
De la mariposa

La primera forma
Del amor
Se impuso

A las razones

Poema 7
Zejel

Tanto te miré
Que vas conmigo
Recorriendo
Los pueblos

Y cuando me detenga
Voy a responder a tus deseos

Minuciosamente

Para que
De ahora en más
Gobiernes

En mi cuerpo

Rey de la lluvia
Manos de alfarero

Sobre el vientre
De la pieza intacta
Da un chasquido

¿Oyes la oquedad?

A más sensualidad
Menos tragedia

Por tus artes

Ya están secas
Las tristezas
De antes

Y las cicatrices

Esmaltadas

Poema 8

Una lengua extranjera
No es
Un alfabeto
Morse

De las grullas

Ni tampoco
Un nido de cigüeñas
Es un nido
Para quien

Cruzó los dedos
En la cruz

Una golondrina sola

Puede cobijarse
En un dedal

Pero no
Dar cauce
A su deseo

Inútilmente
La canción de cuna
Se resiste
Al golpe

De un bongó

Una lengua hablame

Pero con la
Música hasta el cuello

No el aturdimiento
Sobre la canción del asesino
En la ruta a Shangai

Como Góngora en la fuente hablame

Pura sinestesia

Zoo de cristal

Una lengua extranjera

Tiene siempre

Su elefante de vidrio

Su jirafa a pintas

Y una grulla

De opalina

Para ver pasar y preguntarse
Si eso

En realidad
No se llama

Cigüeña

VIDA ANIMAL
–Plaqueta–
(2014)

I

Una conversación entre dos garzas

En silencio se pudo mantener

Esa conversación
Ensimismada

(Son las mejores)

Entre una ensoñación
Y otra
Titubea
El lenguaje

La garza
De la izquierda

Emprende a picotazos
Contra el vidrio

Tal vez avisa que llegó el otoño

Debería abrigarme:
                    En código de aves
                    La estación es la única circunstancia
Que aflige

II

Una criatura empetrolada
Confundió las orillas
                    Vio veraneantes en las playas cálidas
                    Con pelotas de gajos de colores

(Poco menos que animales al sol)

Ese pingüino equivocó el plumaje

Piensa que debajo de la piel
Todos
Éramos negros

Piensa
Que venimos del frío
Como él

Se sacude y nos mira
Cavilando
Qué ideas
Del amor humano
                    Por el mar

EL TALANTE DE LAS FLORES (2014)

Diezmo

I

preguntaba si echar una raíz
o cruzar el océano
saltando
y si le respondíamos que sí
movía el cubilete

y si le respondíamos que no
consultaba el reloj

pero cuando veía
su cráneo
en el espejo

algo
no cuajaba

con su
cabellera
borravina

(una mecha de otra latitud)

II

siempre supo

que tenía

ante sí

dos casillas idénticas:

la eventualidad
de un paso cierto
junto a la tentación de claudicar

sólo que no podía decidir
entre dos apetitos

cuál era tino y cuál
chapucería

V

desde entonces
cada vez que el amor

brevemente
la roza

se pregunta
¿es esto?

y cuando el cielo habla

de la gloria de Dios

cavila ¿será aquí?

apenas nace un verso
de sus vértebras

–sólo
un verso
largamente apretado–

piensa:
¿de esta manera?

IX

pero en esas pocas
ocasiones

(raras)

si el poema suena
de ese modo

(precisamente
cuando suena así)

no necesita
consultar la suerte

como una fruta tropical
se abre el futuro en
dulcísimos gajos

La conquista del desierto

II

para qué conquistar
si aquí no hay nada
es como la campaña del desierto:

empujar a los indios y poner abuelos que descienden
dulcemente
dispuestos a empollar

no es poblar
sino ablandar
la greda
pisando fuerte con
zapatos
de yute

escupir en la arena
maldiciones

propias del acá

y orinar bajo un árbol
que los niños luego llamarán "ombú"
para diferenciarlo de "palmera"

quiero conquistar tu corazón

(me dice él)

pero aquí no hay nada
que no sea
una tierra baldía
rodeada
de salvajes
en malón

III

Turba de tolderías
el indiaje
desmenuza
a la yegua

los blancos
despellejan

a la mujer del indio

y llevan a los niños

para colgárselos
de souvenir

han cavado una zanja

entre llanura y pampa

a fin de discutir a cielo abierto

(con tormentas de arena)

si el sitio es un desierto de espinillos
donde no había nada

solamente
caldenes
guanacos en tropel

tierra vacía donde tender los trenes

de un océano al otro

y saludar fantasmas
por la ventanilla

Las plumas de mi nido*

I

cómo crece a despecho
mala entraña

–intruso–

mala yerba
pero crece más

nadie lo cuida

un día
te sorprende

su elegancia

de palmera
silvestre

el yuyo

pertenece a tu jardín
con más derecho que las lilas blancas

y ya
no lo querés
desmalezar

sube el yuyo
como una enredadera

al resto de tu vida
y la sustenta

cuando no te importa
perdonás

y justo entonces

yuyo del perdón que brota
siempre

cuando

ya no importa

brota justo
adonde el callejón
se pierde

perdonaste/ escribiste/ yo te pido perdón

te perdonaron
cuando no pedías

cuando no te acordabas
perdonaste

ahora
a quién le importa:

fuiste pasto para todas las fieras

* Escrito a partir del tango "Yuyo verde". Letra de Homero Expósito. Música de Domingo S. Federico.

IV

nunca se desvanece
el dibujo del mundo que se apoya sobre cuatro tortugas

huyen de sí el amor balsámico y el amor veneno

acicatea
vuelve
la voz del ángel

a la pequeña

catedral de piedra
en forma de bajel

un mapa de las décadas
no sabe
de improvisaciones

toca la partitura
del verano

y esas cuatro tortugas comienzan
a sudar
les pesa el mundo

Sturm und drang

luego un rayo quema ese castaño
bajo cuyas
ramas retorcidas
me contaba
que el amor por mí lo hacía arder

¿arder?

un mal rayo lo parta

al castaño, al amor, a mí que recibía
sus palabras
con la punta del dedo
como pedacitos
de diamante

el rayo exagerado
que más quema

no sin antes
alumbrar lo amarillo
escaso
con su caja
de cerillas góticas

nos juramos amor hasta la muerte a la sombra del árbol

(dos minutos después caía el rayo)

nos mató en buena ley:

nunca se jura amor hasta la muerte
y menos en mitad de una tormenta
mucho menos aún
a la intemperie
bajo un árbol de ramas
retorcidas

esa noche

todo presagiaba

tempestad

pero nosotros dos

siempre habíamos sido
almas
atormentadas

Sturm und drang

UN BARCO PROPIO
(2018)

El canal de la mancha

Nueve

Ningún crimen quedaría impune en este pueblo donde vine a dormir de sueños dulces. Como si el sueño fuera un lampazo asestado al grumo de la vida. Pero al despertar recordé la ira de los días pasados en algo parecido a una prisión. Ahora los perros corren a las gaviotas en sus playas de piedra. Niñas jugando con sus patinetas hacen surcos sobre el pavimento. Son las cartas de la niña al hielo. Son palotes de niña.

Doce

El cruce de la isla al continente alborota los líquidos del alma por su mero cruzar. Toco mi cuerpo desvestido por primera vez, se abren diminutos agujeros en el cuero de la convicción. En mi ojo de buey concibo un ojo que me mira lúbrico. Y me suelto el cabello.

Trece

Sacudida la pobre embarcación por ese oleaje siempre encabritado arrojamos todo lo que pesa. El agua abre sus fauces. La marea es sólida y grasientas las olas donde cae mi baúl cargado de naranjas para la travesía. Y ropa de lanilla.

Grandes Esperanzas*

Nos fabricamos un Dios que nos sonríe.
Simone Weil

Estaba encinta
(Una niña en mi vientre)

Me pidieron "vuelve a fecundarte"

Y por eso
Concebida de un grumo

Y un pájaro de mimbre

Quise
Darme
Nuevamente
A
Luz

No sabía qué esperar allí
Pero súbitamente
Me inundaron

Grandes esperanzas

Perturbada
Regresé del sueño

Con dos margaritas
En la mano

(Yo también, me dije, traigo vegetales de mi sueño)

Las margaritas eran
De verdad: podían
Deshojarse por amor

Entonces
Yo deseaba
A un amante
De las cordilleras
Y por él concebía
Grandes esperanzas.
Quería que bebiera
De mi líquido ámbar

Él
Bebió
Como un
Cosaco
Del cuenco de mi mano
Hasta que en mi sueño
Se quebraron
Esas margaritas
Y otras más
Con el traje de novia
Encendí una fogata
Ardieron
Las puntillas y el festón

En medio de la noche, rasgué el velo
Y escapé a caballo
Horas después

Se escucharon
Voces
Que gritaban
Mi nombre

En la marisma
Accedí a las súplicas
De un anciano andrajoso
Le llevé aceitunas, agua, queso

Ese
Hombre
Alentaría
Grandes esperanzas
Para mí

Yo sería por obra
De su gratitud
La bailarina
De una caja de música

Girando siempre
Hasta enardecer
A tirios y troyanos

De mi traje de baile
Encendí una fogata hasta que ardieron
lentejuelas y tul
Y en medio de la noche cabalgué kilómetros a pelo

Pero al amanecer

Oí que me llamaban
De una sala sembrada
De tacitas de té

Un niño me anhelaba, yo lo hacía sufrir
(Lujosa vanidad del desencanto)
Y cuanto más deseo, más desdén
Y cuanto más desdén más agonía

Sobre el suelo pringoso
De merengues añejos
Quebré las porcelanas
Y corrí

Pero días después
En las arenas
El labio blanquecino de un poeta
Musitaba mi nombre

(Poesía me dije, arma de doble filo
Mientras te cicatriza
Te desdice)

El poeta me puso a devanar
Pelusas
De un telar extranjero

La lírica
–Explicaba–
Necesita
Grandes esperanzas

Todo el día
Trenzando y destrenzando

Junto al cesto

Extenuada
Apronté mi montura

Pero a poco de huir
Me detuvo la sombra
Del pájaro de mimbre
Que arrojara
Un día su simiente
Para darme a luz.

El pájaro me dijo:

"Las grandes esperanzas son así: te buscan
Son así
Te engullen
Si alguien vierte su ilusión en vos, como en una tinaja de mosaicos
Serás siempre
Esa germinación
Del ansia ajena"

Y explicó:

"Te estás peinando sigilosamente en la recámara
Y por la cerradura
Alguien vigila
El crecimiento
De tu cabellera.

Y
Hace planes"

"¿Qué ilusión de otros pulsarás como un ábaco?
¿De qué anhelo
Aun cuando creías que era tuyo
Serás el instrumento?"

"No hay caballo, no hay ruta, no hay dónde residir
Solo te resta
Escapar por agua
Echada en la cubierta
De una embarcación"
"Mecida por un casco
De roble
Podría diluirse
Tu dolencia en agua
En diálogo amoroso con el agua
Así de cara a Dios".

Y reveló:

Dos tablones de roble se han clavado esta noche
Para asirte
Un diálogo amoroso con el agua te espera
En la cubierta
Y un dios que te sonríe
Porque adora
Los barcos

“Dios te dio
Las palabras
Dios te dio
Un barco propio
Para alejarte de esta pesadilla

Es hora de saltar”

* *Great expectations*. Título de la novela de Charles Dickens. Fue traducido también como *Grandes expectativas*.

Poemas del libro inédito
EL ANIMAL QUE BUSCO

Larga distancia

Cómo necesitaba

Esta mañana
Desesperadamente

Hablarles,

    Padre   Madre

Desesperadamente   Hablarles
Por teléfono

Contarles

Eran llamadas
De larga distancia
Pero yo no sabía los prefijos

Qué prefijos serían
A tan larga distancia
Como están

Qué dolor
Apretado en mi laringe

Entre las muelas
Sobre los riñones

¿Y por qué esta mañana?
¿Qué noticia
Repicó en el sueño?

¿Qué saber ignorado
Hasta la fecha
Puso sístole diástole a trotar?

Yo quería que oyeran
Pero no recordaba
Los prefijos

¿Qué prefijos
Serían
A tan larga distancia
Como ahora
Están?

4

¿Qué nos dice

La intrépida pequeña

Geografía

La dulce
Geografía cuando vamos de prisa

A tropezones?

Hemos viajado
Tanto para ver

Que todas
Las miserias

Se arraciman

Y de un soplo se cae (donde quiera que vamos)
La corteza
Terrestre
A pedacitos

Pluma de titanes por aquí

Monte sabio

Plegándose en la
Grima

De una bicicleta

Desdentada

Abrimos la península
a machete (Aúlla)

Abrimos la penumbra con la
Luz
De un fósforo de cera

(Toboganes al centro
Del infierno)

Donde quiera que estemos

La intemperie

¿No es eso
La intemperie?

Una jaula perfecta

Para qué remontar
La colina   si en algún lugar termina
  El pueblo

Para qué
Calzarse
En el estero

Si la arena quema

Y el agua filtraría por una
Hendidura de la bota
Marrón

Para qué besar
Si luego

Caerá el deseo como

Un diente cariado

Para qué encenderse
Como si

Como si

Temblar de amor no fuera
Más que
Un fósforo de cera

Pegoteado

En medio de las noches
Blancas

Trabajo sucio

Debo decir que al deshollinador
Se le olvidó
    Una maraña de ligustros
    En la boca
    Del desaguadero
Pudo apretar mi mano

    En la maraña
    Pronunciando

Sus nombres de
Dios

(Un padre que no sea Jehová
    Pero que no se llame
De ninguna manera)

Con mis manos pringosas
    Presiono el amasijo

    De ramitas yuyos

    Y hojas
    Secas:

Si mi caída
No acabó fatal

Fue gracias
Al descuido
Del deshollinador en el desagüe

(Si hay dios que no se llame
Porque solo decirlo está prohibido)

Hay marañas de pasto   hay
Ligustrina

Para detener
Tanto derrumbe

¿Y qué es lo sucio
Si no aquello
Que salva de
Caer
En punta
Por la limpia
Limpísima encerada
Cavidad del abismo?

Debo decir que le agradezco al deshollinador
También si hubiera sido
Un nido
De carroña
Expuesto
En la avenida
Donde
quema el sol

Y también

Si distraído
Puso pedregullo
A secar

En un pozo

O una mata   de musgo
En descomposición

Con algas
Que aves viejas
Picotean y escupen

¿Y qué es lo sucio
Si no la vida orgánica
Mordida
Despreciada
Para luego
Darle vida
Al árbol de naranjas
Y al caballo que
Se frota en el árbol?

Se le olvidó también

Que existe un dios matrero
Resoplando en los charcos
Para darle vida

Al gólem
De las aguas
Pardas

¿Y si pego las manos
Pronunciando
Un modo de llamarlo
Que no sea su nombre?

¿Un modo transparente

De tocar su poca
Transparencia?

Debo decir
Sin habla
Sin saliva
Sin dientes
Como un trabajo sucio

Se agradece
Lamiéndose los labios
Y se dice
Con un chasquido: "Nada personal"

Relicario

(a Iván y Zoe)

Son los higos. Curvan con su peso
Las ramas en el jardín trasero. Comemos higo, aliviamos el árbol.

Y después caminamos hacia
El mar
Donde van los pingüinos   A arrojarse
Luego de cruzar

La carretera.

Sus pichones son apenas
Una pelusa blanca.
Cruzan la ruta   Como distraídos.

Y una piensa
Que van a suicidarse
Debajo de los autos
Pero no

Se apuran a saltar al agua:
Es allí donde pueden
Disolverse

Brumosos y macizos
Camino al horizonte

Y tan diestros que andan

Con el agua Perlada
Sobre el plumaje negro

Tan arriba y abajo
Se menean
Dichosos Y una entiende

Que en la tierra
Son torpes

Y que habitan aquí
Como nosotros

Por equivocación

Have you ever seen the rain?

Llevaba yo esa noche
Mi cabello
Alisado

Y un vestido gitano
De gasa Tornasol

No era sencillo:
Pies, talón y punta con la música atrás talón y Punta

Vuelta a comenzar

Sin ritmo y sin
Apoyo

Pero tal vez un roce
Subrepticio

Y un cigarrillo apenas
Apoyado
En la muesca
Tornasol
De la noche

(Por si alguien

Apagara

La luz)

Paso talón y punta
Alrededor   Atrás

Y yo no había visto la lluvia   Todavía

Ni la sentí caer
Ninguna vez
Desde
La cama

Sobre un
Techo de zinc

Ni tampoco   La luna   Seriamente
Me había dado
Algo que decir   Sin embargo

Esa noche
Yo me había vestido
De gitana

OTROS INÉDITOS

1

Eso que ves, engaño colorido
Cómo la carne
Se transparenta y saca a relucir
El esqueleto antaño
colorido. Eso que sos
Y todo lo que adorna: cabellera, dijes
Y camisa labrada.
Mira las venas al trasluz
(se agita el cauce desde
Los volados de la manga)
Bajo la blusa solo piel y huesos
Y al final
Puñaditos de polvo

Ahora andá
Mirá el espejo, hablale
Pero siempre en susurros

Que tu propio
Aliento no se desmorone

Opiniones de un payaso

Alguien derrama su café con leche
Sobre el raso de sus zapatillas

Y camina
Rengueando

Alguien se estrella en el aparador
Y gotas de su sangre

En la caoba caen
Y maldice

¿Oyen la música de alguien que maldice?

Su música no es (como se dice)
Espesa.
Es delicada. Hay golpes por doquier
Y moretones

Trastabillan los hombres
Las mujeres
Baldean con jabón
Y luego trastabillan
A su vez

No hay sonido sin golpe, sin herida
La música está
rota en pedacitos.

Alguien derrama
Trozos de canción
De níquel
Sobre el piso lustrado
(nadie mira)

3

Una verdad
De amor entera nunca más así
Me rompería
No el arrebato ni el perro manso. Me rompería
El blando borde
Al diluido ser que
Resucita
En cada
juventud
Con la cabeza cana
Y es una fiesta de disfraces

Rodamos cuando
El cuerpo no se escama. Cuando la piel se pone
Como un odre y vamos
a la fiesta envueltos en mortaja con hendiduras para ver
Si todavía se nos reconoce

Es una fiesta de disfraces

    Necesitamos vasos capilares
    Que los brazos caigan al costado
Sin apuro
Protegiendo la hiedra que nos cubre
del mamboretá y de los mendaces
juramentos

Ahora y siempre, ahora y para siempre

4

El animal que busco
Tiene reglas
Si no muda de piel
Cambia de plumas
Si no se contonea
Se disuelve
Come las piedritas
Del terreno
Con voracidad
Luego se adormece
Boca arriba
Sobre la vieja
Hamaca
Paraguaya
Bajo los eucaliptus

5

Esa mosca
No te deja
No te deja
Saltar
Esa mosca
Se nutre
De tu fatiga cóncava te raspa
El no sé
Qué

6

Creíste que ya estabas
Preparada
Para el declive
De la luz
Pero te falta leña
Y no tenés
Licor de mandarinas
En el estante alto

7

Dicen que las vísperas no alcanzan
Para aferrar los acontecimientos
Habría que tocarlos con el dedo
Ansioso húmedo, cómo se van debajo
De un pequeño alambrado. la tierra los escurre. yo
No
Yo no soy yo no soy la primera
Persona
Del poema

Yo soy la bisectriz
Y en el fondo del
Ángulo hueco
Hay un pozo con ramas
Y un anillo
De rubíes al fondo
Quien se anime a buscarla
Dará pluma enjoyada
Como
El pavo real
Yo no soy la primera persona
Ni soy la que diría cuando canta
Afónico el zorzal
De todas mis mañanas   la que dice buen día
Cuando canta

No soy
Cuando alejado
El sueño
Se pronuncia el resplandor del día
Y comienza
La pequeña pálida batalla del aguado café
Sin horizonte
El perro de cerámica
Y la bruma de color vainilla
Mentira es que nacieron
Los capullos de nada
En mi balcón
Parece
Solo un truco

De la fotografía
Todo es un truco
Para volver visible
Lo que no

(Y mientras tanto
Temo por mi vida)

ENTREVISTA A MÓNICA SIFRIM

por María Malusardi

"Lo que me une a la poesía y me hace amarla es la libertad que, como todo vínculo amoroso, es muy exigente"

Todo auténtico poema escapa a su inmanencia. En el momento en el que recibimos el golpe sensible –en el momento en el que rozamos el lenguaje y lo hacemos carne– asistimos a su evasión. Es la fuga del sentido cuando ya el sentido hizo su asentamiento. Esta paradoja, tan propia de la experiencia poética, es un camino de absorción y de resistencia.

Los poemas que componen *Licor de mandarinas*, esta antología de Mónica Sifrim curada y prologada lúcidamente por Valeria Melchiorre, son contundentes. Recibimos la quemazón y el impacto. Y sabemos que estamos ante una obra de precisión que conmueve por su decir austero, rítmicamente imprevisible.

Cuando nos planteamos hablar de poesía, sabemos que estamos ante un camino engorroso porque todo lo que el poema tiene para dar o decir está ahí, en el poema –y acaso en su fuga. Sin embargo, nos empecinamos en pensar, en decir, en aproximar, como si hablar de poesía fuera una manera de arrojarnos a un vacío que nos deshabita a la vez que nos contiene y nos inspira.

***

— **Existen maravillosos ensayos que reflexionan sobre poesía, empezando por *El arco y la lira* de Octavio Paz, *Las palabras de la tribu* de José Ángel Valente, *Las poéticas del siglo XX* de Raúl Gustavo Aguirre, *Introducción a la poesía* de César Fernández Moreno, *El arte del error* de María Negroni o *La pequeña voz del mundo* de Diana Bellessi, por nombrar algunos pocos casos en nuestra lengua. ¿Por qué nos empecinamos en hablar de poesía?**

El poema produce estupor y sorpresa, en particular a quien lo escribe, al autor, y entonces es posible que esa forma de conocimiento, como dice Bergson, el conocimiento artístico que es totalmente distinto y peculiar, desconcierte al poeta y por eso trate de entender qué es lo que escribió, cómo funciona, por qué escribe. Eso mismo puede ocurrirle al lector que se emociona ante un poema sin entender el porqué. Entonces el poeta –y al lector también le sucede– se desdobla en ensayista, y eso es comprensible. Es comprensible pero no es obligatorio.

A mí me gustan mucho los ensayos de Paul Valéry, Joseph Brodsky, Wallace Stevens, Henri Meschonnic. Pero no considero imprescindible que el poeta hable o escriba sobre poesía. Hay muchísimos poetas excelentes que no lo hicieron, que se quedan con el misterio.

— **Pudiste corroborarlo en la época en la que trabajabas en el suplemento literario de *Clarín*, porque reporteaste a unos cuantos poetas, como Enrique Molina y Olga Orozco, entre otros, que se resistían a reflexionar.**

Sí. Y también a Amelia Biaggioni, a Francisco Madariaga, a Joaquín Gianuzzi. No es que ellos no pudieran reflexionar. Fijate que el prólogo que le hace Molina a la obra completa de Oliverio Girondo es brillante. Pero no les gustaba tanto hablar de su propia obra. Ellos la habían escrito y se suponía que el lector tenía que hacer lo que quisiera o pudiera con eso. Eran tiempos también en los que la teorización no estaba tan valorada. Entonces, en general, las respuestas que daban ellos sobre su propia obra en las entrevistas eran muy breves. Y eso me remite a una cita de Jean Cocteau: "El poema es una joya pensante". En otro momento dice: "No existe la poesía. Existen pruebas de poesía".

— Pero hay otros modos y acaso el más auténtico, ineludible y habitual es la composición de *ars poética*, el poema que habla del poema. De hecho, estas citas de Cocteau desparramadas en *Secretos de belleza* son aforismos al estilo de *Los adagios* de Stevens. Deliberadas *ars poéticas*.

Eso sí es muy frecuente, que el poeta escriba dentro de la poesía y hable de lo que es la poesía para él. La poesía y la escritura como tema dentro del poema. Hay *ars poéticas* sorprendentes, como esa de Marianne Moore que dice inmediatamente después del título que es "Poesía", "yo también la detesto". Y yo me identifico. Cuando me cuesta escribir me acuerdo de esos versos de Marianne Moore. La bronca hacia la poesía también aparece. Yo creo que el *ars poética* que escribe un autor es muy interesante y no es fija, puede cambiar en cada época o en cada libro.

En mi caso siento que es así, si hablo de eso no hablo de la misma manera en cada libro. Me parece que el *ars poética* más interesante es la que arma el lector en la cabeza. A partir de lo que entiende del poeta implícito. Uno cuando lee va construyendo un escritor implícito y el *ars poética* la reconstruye el lector a partir de esos retazos o fantasmas. Esa es la más interesante, la que conecta con la subjetividad del lector. Por otra parte, puede estar escondida en un poema que hable de otra cosa. Pienso en el extraordinario "Mi padre siempre trabajó en lo mismo", de Morábito, que es un poema al padre, pero también un *ars poética.* Fijate cuando dice: "¿Toda la vida yo también/ trabajaré en lo mismo, en la escritura, en la palabra plástica y no rígida,/ que es la palabra que se saca de lo más profundo?"

— **En *Un barco propio*, tu último libro publicado, el yo lírico manda un *ars poética* para atesorar: "Poesía me dije, arma de doble filo/ Mientras te cicatriza/ Te desdice".**

Es un caso curioso de auto-plagio (y en el libro lo aclaro) porque me cito a mí misma. Esos son los versos finales de mi libro *Laguna*. Pero en *Un barco propio* hablo todo el tiempo de la escritura. Comienza con una caída. La caída personal con todas las formas posibles de caer. Luego *El canal de la mancha*, un viaje, y un tocar fondo. En la tradición literaria atravesar ese canal que es muy revuelto camino al continente (y viceversa) provoca grandes cambios subjetivos, perturba, erotiza.

Después hay un sueño, en *Grandes esperanzas*, donde está el texto que acabás de citar, que es una experiencia onírica. Y ese sueño es el que permite terminar el libro, pensar si el barco propio salva o no, si las palabras o la escritura salvan o no.

El libro termina en forma circular con ese personaje, ese yo lírico que dice que finalmente las palabras fueron la escalera para tirarse y caer, y vuelve a la caída de la primera parte. Las palabras no fueron la salvación sino la escalera para arrojarse al vacío. En ese sentido es un libro circular, se muerde la cola. Tiene algo de novela.

— **¿Todo esto lo conceptualizaste antes, durante el proceso o surgió como reflexión final, una vez que tenías el libro escrito?**

Lo que suele pasarme es que la estructura o la consciencia de lo que estoy haciendo suele llegarme cuando estoy aproximadamente por las tres cuartas partes del libro. Y eso me permite armar, componer, estructurar y terminar. Incluso por ahí me permite, una vez que entendí, escribir unos poemas especialmente para eso, por ejemplo, para equilibrar las partes o conectarlas mejor. Pero esto sucede recién cuando el libro está bien avanzado.

En general, no soy de manejarme con ideas *a priori*. No es que tomo un tema, un eje y leo e investigo sobre eso. No. Soy más visceral. Y peleo mucho contra la página en blanco. Y tiro muchos borradores. Por eso no soy muy prolífica. Tardo cuatro o cinco años hasta que escribo un nuevo libro. Me angustia, pero es así como funciono.

— **Es inevitable asociar el título con *Un cuarto propio* de Virginia Woolf. ¿Hay relación?**

Todo el mundo se confunde, sí, con el texto de Woolf o con *El barco ebrio* de Rimbaud, pero en la realidad "Un barco propio" era una expresión de mi madre. Ella me decía "Vos tenés un barco propio". Ese barco del que hablaba mi madre, que era bastante depresiva, con una mezcla de admiración y envidia, era la escritura, la literatura. Algo que ella no tenía y yo sí, y que me iba a salvar de ser como ella.

— **No sé si la poesía salva, pero al menos ayuda a transitar más lúcidamente, a pesar de que la lucidez en ocasiones atormenta.**

Para mí la poesía es un espacio, sobre todo, de libertad, en el que no hay que hacer nada, no hay un deber hacer. Si surge, surge. Y hay normas inmanentes de la poesía ligadas con la música y hay una tradición con la que una dialoga. Pero no hay un deber. Ni un modelo a seguir, ni obligación alguna. A la poesía le incumbe todo. Lo que me une a ella y me hace amarla es esa libertad, que como todo vínculo amoroso es a la vez muy exigente.

— **Mario Montalbetti dice que el poema es como el submarino: navega a ciegas. "El poema es tal vez el único uso del lenguaje que asume la condición radical de su propia ceguera". Qué dirías al respecto.**

Estoy de acuerdo. A mí me gusta navegar a ciegas cuando escribo poesía, los descubrimientos sobre lo que estoy haciendo se dan en el hacer. Yo no creo mucho en ese texto de Edgar Allan Poe, *La filosofía de la composición*, donde cuenta el plan que tiene para escribir *El cuervo*. Te deleita la inteligencia de Poe; me parece muy extraño que un poeta pueda trabajar con un plan así *a priori*. Se considera *El cuervo* el primer texto moderno que toma la poesía no como inspiración sino como un trabajo.

Yo, en cambio, me dejo llevar mucho por la música. Un poeta, dice Brodsky, es la combinación de instrumento y ser humano, donde el primero conquista gradualmente al segundo. En ese sentido soy inocente en relación a las palabras. Soy más instrumento. Volviendo a lo del submarino, los descubrimientos que una hace a oscuras muchas veces son feroces, ¿no? Hay ferocidad en lo que una escribe.

— ¿En qué momento experimentaste esa sensación de ferocidad?

Con *Novela familiar* tuve una sensación de ferocidad durante el proceso de escritura. En ese momento tenía treinta y dos años y necesitaba un espacio para escribir. Entonces me prestaron un departamento de alguien que recientemente había muerto. No sabía yo que estarían las cosas del difunto, entonces tuve que acomodar y limpiar.

Y cuando me sentaba a escribir, salía a borbotones, todos los días, y yo no sabía lo que estaba haciendo. Era una sensación como de escritura automática.

— Lo último que se me ocurriría con ese libro. Parece muy planificado, elaborado y pulido.

No. La escritura de esos fragmentos fue espontánea, volcánica y sin ninguna planificación. Pero sí trabajé muchísimo en la estructura y el orden del libro. Incluso, cuando trabajaba en la estructura del libro, escribí poemas *ad hoc*, especialmente. Al comienzo no sabía qué hacer con todo ese material que había escrito. Me preguntaba cómo había salido todo eso de mí. Y a borbotones.

Entonces me compré hojas Canson número 5 y una caja de clips. Todavía no escribíamos en computadora. Saqué fotocopias y corté fragmento por fragmento con tijera para luego acomodarlos sobre la hoja blanca. Me tiré en el piso y empecé a jugar con los fragmentos, la hoja Canson funcionaba como una pantalla. Corté los poemas y me dije "acá hay un orden y capítulos", y fui enganchándolos en las hojas con los clips. Ese trabajo me llevó meses y fue como una iluminación. Hay escritores, decía Antonio Machado, en quienes la reflexión improvisa y la inspiración corrige. Creo que fue uno de esos casos.

— **La hija fantaseando la muerte de sus padres no tenía nada que ver con tu realidad en ese momento. Sin embargo, quien lee ese libro podría experimentar ese tormento. Es como si hubieras absorbido la energía mortuoria del lugar.**

No sólo eso. Sino que años después, una lectora, hija de desaparecidos, leyó mi libro y asoció la desaparición de los mayores con los desaparecidos. Y por esa razón vino a hacer taller conmigo. Esa es la poesía que dispara sentidos. No podía creer que ella hubiera hecho esa lectura. Yo nunca entendí por qué ella había leído así.

Poco después se enfermó mi viejo y tuve una sensación de culpa, como si de alguna manera hubiera augurado la enfermedad de mi viejo.

— **Siguieron *Laguna*, *El mal menor*, que obtuvo el Primer Premio Municipal, *El talante de las flores* y finalmente *Un barco propio*. Me animo a decir que tus libros mantienen una tensión pareja, como si constituyeran un corpus. No hay desbordes ni irregularidades. Es una escritura contundente y filosa. ¿Cómo trabajás para llegar a eso?**

Me gusta mucho corregir. Tanto como escribir. En términos prácticos, escribo a mano, en papel. Y todo va al tacho de basura hasta que aparece algo que me parece más digno. Y entonces tipeo. Y ya es un criterio de selección para mí. Quiere decir que algún interés tiene el poema. Pero antes de ese poema hubo ochenta mamarrachos manuscritos que tiré a la basura. Pasarlo a la computadora ya es una instancia. Y después corrijo, corrijo mucho y disfruto mucho del proceso de corrección.

— ¿Y cómo es ese proceso de corrección?

Muy artesanal. Indago diferentes registros: el registro de los sonidos, el registro de las repeticiones, el registro de las sílabas. Cuando doy talleres trato de transmitir esa artesanía. La acción manual sobre el poema: aquí hay una sílaba de más, aquí una cacofonía, aquí la música patina. No es fácil de explicarlo teóricamente. Es como la transmisión artesanal de un saber que no solo tiene que ver con las lecturas.

— Se me ocurre que esa filigrana que caracteriza tu escritura también se manifiesta en tu idea de composición. De hecho, no hay poemas sueltos en ninguno de tus libros. Parecieran estar concebidos siempre alrededor de algún eje, aunados.

Me gusta la estructura. Me gustó que *Novela familiar* fuera como una novela. Pero eso lo descubro sobre la marcha. Y una vez que me doy cuenta de que hay algo, lo trabajo como totalidad. Pero no concebí ninguno de mis libros previamente como totalidad. *Novela familiar*, como expliqué antes, fue *a posteriori*, durante el trabajo de composición. Eso me gusta mucho.

Tengo la sensación de que soy naturalmente escritora de series más que de libros. La serie de mi padre, en *Laguna*, son diez poemas que conforman una unidad. *Novela familiar* y *Un barco propio* tienen una estructura narrativa. Los podés leer como si fueran una novela. Pero *Laguna, El mal menor, El talante de las flores* son series. Como si lo que me saliera espontáneamente fuera escribir una serie de alrededor de diez poemas. Y después, con las distintas series armo el libro.

— Es asombroso cómo la escritura poética abre caminos de lectura insospechados. Porque el resultado no coincide muchas veces con cómo fue concebido. Esa zona a ciegas de la que habla Montalbetti. Y pensaba en los diálogos que establecen los y las poetas en su habitar contemporáneo. Diálogos estéticos también insospechados. Advierto puntos de contacto notables entre tu poesía y la de Irene Gruss, por la brevedad punzante, el humor sutil, el ritmo, aunque ronden universos temáticos muy diferentes.

Leí por primera vez poemas de Irene en el suplemento de *La Opinión* y me dije, mamita, qué poeta. Y me la crucé un día en el teatro IFT, en un pasillo, porque yo asistía al taller literario del IFT en 1975. Y me dije: esta es Irene Gruss, una poeta del carajo. Entonces yo tendría diecisiete años e Irene veinticinco. Tiempo después, coincidimos en *Clarín*, yo como periodista *free lance* en el suplemento cultural y ella trabajaba en el equipo de corrección, un departamento que luego desmantelaron. En esa época había un editor de cierto peso que solía pedirnos a Irene y a mí poemas para publicar en el suplemento de cultura, cuando les quedaba algún espacio libre. Le encantaba la poesía de ambas.

Recuerdo un día de lluvia en el que nos encontramos con Irene en el subte. Las dos íbamos a *Clarín* a llevar poemas que nos había pedido ese editor a ambas en simultáneo. Admiro profundamente la poesía de Irene.

— Pienso en ese lugar incómodo de los poetas, la poesía agazapada y marginal, que de pronto a veces podía aparecer en un suplemento cultural. Y el deseo y la necesidad de ocupar un lugar más trascendente, más cercano al de los narradores. ¿Nunca se te ocurrió

escribir una novela, como la misma Irene Gruss con *Una letra familiar*, o Enrique Molina con *Una sombra donde sueña Camila O'Gorman*, o María Negroni con *El sueño de Úrsula*?

Me gusta mucho la narrativa. La enseño, la leo y me gusta mucho, pero no sé si sirvo como narradora. Sé que en mis libros hay algo narrativo. Mi admirada y querida poeta María del Carmen Colombo me dice que yo debería escribir una novela. Pero no tengo ningún tema para escribir una novela. Sí te diría que me gustó mucho la sensación que experimenté cuando escribía *Novela familiar*, porque todos los días había desde donde partir. Sentía como si fuera novelista. Y eso no lo sentí nunca más. Esa sensación de escribir todos los días y de saber cómo arrancar, como le pasa a un narrador, que siente y arranca de lo que escribió el día anterior.

No tengo pulsión de narradora, no me interesa escribir una novela, pero envidio la situación práctica del narrador. Eso de que va continuando lo que viene escribiendo y se mantiene en un mismo mundo por un largo tiempo. Me cansa y me abruma la página en blanco.

— ¿Te invade a veces el desaliento?

Claro. Pero pienso, como Pessoa, que ya que no podemos extraer belleza de la vida, al menos busquemos extraer belleza de no poder extraer belleza de la vida.

— En *Licor de mandarinas*, la antología de tu obra que nos convoca para este diálogo, asistimos a una serie de poemas que pertenecen a un libro inédito, *El animal que busco*, y algunos otros. ¿Hay página en blanco en este momento?

Por suerte no. Y es una situación nueva para mí tener un libro inédito cerrado y estar comenzando a escribir otro en simultáneo. Estoy trabajando una serie de poemas intertextuales, que dialogan con Sor Juana Inés de la Cruz, con Proust, con Heinrich Böll, con Paul Bowles. Esto que estoy haciendo ahora parece más planificado. Surgió con un par de poemas y decidí seguir en la misma línea. Es decir que hay diálogo con textos narrativos, con películas y con poemas. Y además trabajo en una colección de poemas breves.

— ¿Son dos proyectos diferentes?

Sí. Por ahora no tienen que ver entre sí y no quiero forzar ninguna integración. Lo cierto es que no tengo cosas para decir todos los años y dejo pasar tiempo entre un libro y otro. Y también creo, como bien lo expresaba Valéry, que hay una ética de la forma. Hay que romper los moldes de la forma cuando sentís que los actuales te están estrangulando.

LECTURA DE POEMAS
POR MÓNICA SIFRIM

https://germyd.wixsite.com/monica-sifrim/

LIBROS DE MÓNICA SIFRIM

1978 *Con menos inocencia*
(Buenos Aires, Nuevas Ediciones Argentinas)

1990 *Novela familiar*
(Buenos Aires, Último Reino; reeditado en 2012 por hilos editora)

1999 *Laguna*
(Buenos Aires, Bajo la luna nueva)

2008 *El mal menor*
(Buenos Aires, Bajo la luna nueva)

2014 *Vida animal*
(Buenos Aires, Paisanita editora –Plaqueta–)

2014 *El talante de las flores*
(Buenos Aires, hilos editora)

2018 *Un barco propio*
(Buenos Aires, Ediciones Cienvolando)

www.ingramcontent.com/pod-product-compliance
Lightning Source LLC
LaVergne TN
LVHW090928150826
845672LV00006B/1444

* 9 7 8 6 3 1 9 0 5 8 3 0 7 *